POURQUOI ET COMMENT APPRENDRE LA PROGRAMMATION INFORMATIQUE

Guylain Katombe

Geoguys

Geoguys

INTRODUCTION

Vous êtes-vous déjà demandé en quoi l'apprentissage de la programmation informatique est-elle si impérieuse. Pourquoi les gens se constituent à travers le monde de gigantesques communautés fondées autours des langages de programmation. En France par exemple, si vous regardez sur le site Meetup, la communauté Python regorge 27 000 membres regroupés sur 40 groupes.

Sur Facebook, plusieurs groupes se sont créé autours de certains langages de programmation. C'est le cas de groupes suivants : Html/CSS/PHP/MySQL/JS France (4900 membres), PHP/MySQL (5600 membres) etc.

Plusieurs forums sur internet réunissent des milieux et des milliers de programmeurs, c'est le cas du forum 'Comment ça marche' ou le forum 'Quora'.

Le gouvernement américain a chargé certains de ses célèbres institutions à développer des plateformes de formation en programmation et même des langages de programmation libre de droit. C'est le cas de Scratch, un logiciel facile, libre, gratuit et en ligne ; développer par la célèbre Université Américaine MIT (Massachussetts Institute of technologie) et dont le but est d'apprendre à programmer très facilement grâce à des maquettes que l'on peut coordonner afin de créer des petits programmes, de jeu vidéo ainsi qu'intérioriser les différents ingrédients de la programmation informatique.

Il est normal de se demander pourquoi un tel engouement pour la programmation informatique. En tant qu'Homme cultivé, il est impérieux de s'intéresser sur un sujet qui provoque un tel engouement. D'où l'objet de notre question pourquoi apprendre la programmation informatique ?

Certains connaissent déjà même l'importance d'apprendre la programmation informatique mais pour une raison ou une autre, ils n'ont pas su concrétiser leur rêve de la maitriser. En effet, Il arrive que les gens abandonnent leur rêve de connaitre la programmation informatique, non pas parce qu'ils n'en ont pas le moyen intellectuel et financier mais simplement parce qu'ils n'ont pas su comment s'y prendre pour l'apprendre. Il est donc impérieux avant de se lancer dans l'apprentissage de la programmation informatique, de chercher à savoir comment l'apprendre ?

Pourquoi et comment apprendre la programmation informatique ? Sont deux questions que se propose de répondre cet ouvrage. Notre réponse sera basée sur notre expérience. A une certaine époque, nous avions comme la plupart d'entre nous un niveau zéro en programmation informatique. Comme certains d'entre nous aujourd'hui, nous avons cherché à comprendre son importance puis nous nous sommes lancez dans son apprentissage et nous avons même commencez à partager nos connaissances sur notre plateforme Geoguy.org.

C'est dire que nous avons commis des erreurs, oui nous avons galéré à notre début, mais grâce à certains conseils et techniques que nous avons apprises, nous avons su réaliser notre rêve. Aujourd'hui nous maitrisons un certain nombre de langages informatiques notamment : Html, Css, Php, MySql, Javascript et nous avons la facilité d'en apprendre d'autres parce que nous connaissons le secret, nous connaissons la méthode. Et c'est ces secrets que nous voulons partager avec vous dans ce livre.

Autant nous avons appris et maitrisé beaucoup de langages de programmation ; autant vous aussi, vous pouvez les apprendre et les maitriser.

La lecture attentionnée de ce livre et surtout la mise en pratique de conseilles que nous partageons avec vous sous ces colonnes, vous permettront de les apprendre et de les maitriser.

Nombreux de nos apprenants ont pu maitriser les langages de programmation que nous leur avons appris en appliquant ces techniques et méthodes. Nous sommes convaincus que vous aussi, vous pouvez y parvenir. Vous pouvez aussi relever le défi de maitriser le minimum de langages informatiques. Le défi de vous rendre plus utile, plus compétitif sur le marché d'emploi. Tout ce que vous pouvez, c'est de lire ce livre et de mettre en pratique les enseignements qu'y sont.

1. PROGRAMME INFORMATIQUE.

1.1 DEFINISSION

Un programme informatique est un ensemble d'Opérations destinées à être exécutées par un ordinateur. Le **programme** indique à l'ordinateur comment effectuer une tâche.

Fig1.1: Quelques lignes de code

Le programme informatique se présente concrètement sous la forme d'un ou de plusieurs fichiers contenant des commandes textuelles. Ce sont les ordres donnés à la machine, qu'on appelle également des instructions. L'ensemble des fichiers contenant les instructions du programme constitue son **code source**. Programmer, c'est donc écrire le code source d'un programme ; d'où l'emploi du terme synonyme de **coder**.

1.2 LANGAGE DE PROGRAMMATION.

Le langage de programmation est défini comme une manière de donner des ordres à un ordinateur. A l'instar d'une langue vivante, tout langage a son vocabulaire soit un ensemble de mots-clés, chacun jouant un rôle spécifique, en plus d'une grammaire idoine. Celle-ci étant un ensemble de règles qui définissent la manière d'écrire des programmes dans ce langage.

Le seul **langage de programmation** directement compréhensible par un ordinateur est le **langage machine** autrement appeler **langage binaire**, parce qu'il est composé que de deux chiffres 0 et 1.

Par exemple, «01000010011011110110110011010100110111101110101 01110010», signifie « Bonjour ».

Il sied de remarquer que ce langage de machine (langage binaire) a ses limites. Il n'est ni très enrichissant, ni très pratique. Pour parier à ses limites; rendre ainsi la communication plus aisée avec l'ordinateur, les experts ont inventé les **langages de programmation**.

Car en effet, **les langages de programmation** sont des langages bien plus faciles à comprendre. Le mécanisme reste le même que dans une langue vivante. Au lieu d'écrire les instructions dans une suite codée symbolisée par 0 et 1, les ordres donnés à l'ordinateur sont écrits dans un « **langage** » ordinaire ; souvent en anglais, avec une syntaxe particulière qu'il est nécessaire de respecter. Mais avant que l'ordinateur puisse comprendre ce langage, celui-ci doit être traduit en langage machine selon que l'illustre le schéma ci-dessous. (Qui va le traduire? Proposition : Mais avant que l'ordinateur puisse comprendre ce langage, il le traduit lui-même en langage de machine selon que l'illustre le schéma ci-dessous.)

Fig 1.2: Schéma de communication Homme-Ordinateur

Le **programmeur** « n'a qu'à » écrire des lignes de code dans le langage qu'il a choisi. Pour ce faire, il devra suivre les étapes suivantes en vue de permettre à l'ordinateur de les décoder.

Il existe un grand nombre de langages de programmation. Les détails dans la section suivante.

1.2.1 FAMILLES DE LANGAGES DE PROGRAMMATION.

Il existe un grand nombre de **langages de programmation**. Tous sont adaptés à des usages variés. Néanmoins, Chacun dispose de sa propre **syntaxe** et d'instructions spécifiques.

Voici quelques célèbres langages de programmation :

Fig 1.3 : Quelques langages de programmation

HTML (*HyperText Markup Language*) : C'est un langage de programmation front-end au même titre que CSS. Les deux permettent de créer des sites web statiques (sans personnalisation de la page en fonction de l'utilisateur). Il a fait son apparition dès 1991 lors du lancement du Web. Son rôle est de gérer et organiser le contenu. C'est donc en HTML que vous écrirez ce qui doit être affiché sur la page : du texte, des liens, des images… Vous direz par exemple : « Ceci est mon titre, ceci est mon menu, voici le texte principal de la page, voici une image à afficher, etc. ».

CSS (*Cascading Style Sheets*, aussi appelées *Feuilles de style*) : C'est un langage de programmation front-end au même titre que HTML. Le rôle du CSS est de gérer l'apparence de la page web (agencement, positionnement, décoration, couleurs, taille du texte…). Ce langage est venu compléter le HTML en 1996.

PHP est un langage généralement utilisé par les **développeurs** de sites internet. Il constitue un langage de programmation back-end qui permet de créer des sites web avec personnalisation la page en fonction du visiteur, de traiter ses messages, d'effectuer des calculs, etc. Il génère une page HTML.

JavaScript est avant tout le langage de programmation du Web. JavaScript ne doit pas être confondu avec le langage Java inventé à la même époque. Leurs syntaxes sont proches, mais leurs usages et leurs "philosophies" sont très éloignés. JavaScript sert à créer un langage simple pour rendre dynamiques et interactives les pages Web.

Java est un langage destiné à créer des applications riches, robustes, maintenables dans le temps et développées par de grosses équipes. C'est un langage à taille d'entreprise. Il est souvent utilisé pour concevoir des logiciels de banques. Java n'est pas destinée à être utilisé pour de petites applications ou de simples scripts exécutant une tâche.

Python est un langage utilisé pour créer de petits programmes très simples, appelés scripts, chargés d'une mission très précise sur votre ordinateur ; des programmes complets, comme des jeux, des suites bureautiques, des logiciels multimédias, des clients de messagerie, des projets très complexes, comme des progiciels. Ces derniers étant un ensemble de plusieurs logiciels pouvant fonctionner ensemble ; principalement utilisés dans le monde professionnel.

2. POURQUOI APPRENDRE LA PROGRAMMATION INFORMATIQUE ?

Nous vivons dans un monde ou l'informatique est omni-présente. La plupart d'activités humaines s'appuient sur l'informatique.

La musique est digitalisée

L'agriculture est robotisée

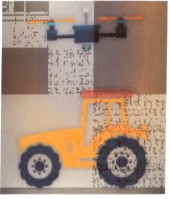

La presse est de plus en plus en ligne

La médecine et les médecins se font assister par des robots

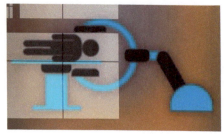

Un calcul qui prend plus de
temps à la main ; la machine
va le faire plus rapidement

Fig 2.1 : Les activités humaines s'appuyant à l'informatique

Mais nous ne savons pas comment tout ça fonctionne. Nous
sommes consommateur d'outils fabriqués par des informati-
cien(e)s et c'est avantageux de savoir comment le concevoir pour
être non pas un acteur passif mais actif.

La programmation informatique a permis de créer des logiciels,
des sites internet et des applications qui ont à leur tour permis
aux hommes de résoudre efficacement et dans un temps record
des problèmes qu'ils prenaient beaucoup de temps à résoudre et
parfois nécessitaient un budget et une ressources humaines nom-
breuses. Par conséquent, l'homme est actuellement constamment à la recherche non pas d'une ressource humaine capable de

résoudre son problème mais plutôt d'un logiciel ou une application qui puisse le faire. Ce serait un grand avantage d'être parmi ceux qui créent ses logiciels ou ses applications.

Ci-dessous les 5 raisons pour lesquelles nous devons tous apprendre la programmation informatique.

- S'adapter au dynamisme du monde actuel informatisé.
- Création de son propre logiciel ou application mobile, son propre site internet ou son propre blog
- Devenir auto-entrepreneur
- Trouvez un emplois bien renumeré
- Facile à apprendre et accessible à tous

2.1 S'adapter au dynamisme du monde actuel informatisé.

Avoir un revenu financière mensuel stable aujourd'hui est fortement dépendant de votre compétence. Vous êtes comptable, avocat, médecin, ingénieur, géographe (...), c'est sur base de vos connaissances que vous êtes employé dans une entreprise et que vous recevez mensuellement un salaire. Mais à ceci la révolution technologique a introduit une autre exigence qui est la maitrise de l'outil informatique.

Tous les domaines de la vie ont de nos jours un certain nombre des logiciels qu'ils utilisent pour rendre facile leurs métiers ainsi que réaliser leurs activités quotidiennes rapidement et efficacement. De ce fait, la maitrise d'un logiciel x ou y selon le domaine est indispensable pour accéder à un job sollicité. Pourtant, les logiciels ne cessent d'être édités, améliorés et toutes les entreprises n'exigent pas la maitrise de mêmes logiciels. En tant qu'employé, notre connaissance de logiciel doit être constamment remise à niveau pour sécuriser son job.

Les entreprises investissent chaque année, des sommes importantes pour la conception et la création de nouveaux logiciels pouvant automatiser leurs outils de travail. Il s'ensuit que le marché de logiciels a connu une nette progression. D'après le site internet www.lemondeinformatique.fr le marché de logiciel fut en hausse de 4.7% au premier trimestre de 2012, il s'établi à 167 milliard de dollar selon le cabinet d'étude IDC. D'après www.audros.fr le secteur français de logiciel affiche une croissance de 4,1%. D'après le site internet www.decryptageo.fr, le marché mondial de logiciels SIG pèsera 15 milliard d'euros en 2023.

Pour certains métiers disparaissent suite à l'invention de certains logiciels. Aujourd'hui par exemple, les entreprises n'ont plus besoin d'engager plusieurs travailleurs pour traduire leurs documents (De français en Anglais) parce qu'il existe déjà des logiciels qui peuvent très bien le faire en un rien de temps.

De mêmes, les employés sont de plus en plus remplacer par des robots. Ces derniers sont réputés pour faire efficacement, rapidement une tâche difficile par rapport à l'homme. Par conséquent, les entreprises ont tendance réduire leurs ressources humaines pour minimiser leurs dépenses. Avoir une quelconque compétence n'est donc plus sécurisant car toutes les compétences sont en compétitivités permanentes avec la révolution technologique. Mais il existe une compétence qui est au-dessus de la mêlé, c'est la programmation informatique. C'est les programmeurs qui créent les logiciels ou robots qui remplacent les ressources humaines, si vous voulez donc avoir une compétence sécurisante et qui durera longtemps, c'est la programmation informatique que vous avez besoin d'apprendre.

2.2 CRÉATION DE SON PROPRE LOGICIEL OU APPLICATION MOBILE, SON PROPRE SITE INTERNET OU SON PROPRE BLOG

2.2.1 SON PROPRE LOGICIEL OU APPLICATION MOBILE

Les logiciels ou applications mobiles qui paraissent ne répondront pas toujours à nos attentes, ils ne résoudront pas toujours les problèmes spécifiques auxquels vous êtes confronté ou ne nous seront pas toujours accessible à n'importe quel moment ou à n'importe quel endroit du monde ou nous nous trouverons. C'est pourquoi il est impérieux de connaitre soi-même la programmation informatique pour être en mesure de créer de logiciels selon que le besoin se présente et pour résoudre des problèmes qui vous sont spécifiques.

2.2.2 SON PROPRE SITE INTERNET OU SON PROPRE BLOG

Un site internet est le meilleur moyen d'exposer les produits ou les services que vous pouvez vendre aux gens car il vous permet de toucher plus de monde, de le cibler, d'interagir avec eux et d'évaluer si votre méthode que vous utilisez vous donne de bons rendements.

De même, lors que vous avez un blog, vous pouvez présenter votre personnalité, vos compétences, votre parcours afin que le public vous contact et fasse de vous le consultant dans la matière ou vous vous êtes distingué.

Connaitre la programmation informatique est d'une importance capitale, car elle vous permettra de créer votre propre blog ou vos propres sites internet et de le personnaliser sans avoir à dépenser de milliers et des milliers des dollars dans les agences web qui peuvent parfois ne pas satisfaire votre demande.

2.3 DEVENIR AUTO-ENTREPRENEUR

La programmation informatique vous offre une compétence que vous pouvez vendre. Vous pouvez devenir par exemple un créateur de site internet ou blog, des logiciels, de jeu vidéo, des applications mobiles (...). Vous pouvez même créer une activité ayant rapport à cette compétence. La plupart des agences web par exemple sont créé par des programmeurs qui ont commencé par apprendre la programmation web puis l'on intérioriser en créant leur propre entreprise.

Fig 2.2: La pensé d'un auto-entrepreneur

Cependant, créer une entreprise peut nécessiter des exigences qui ne sont pas facile à remplir. Obtenir un numéro d'identification nationale (ID), un numéro au registre de commerce (RCCM), un numéro d'impôt, un siège social, les conditions de ventes, des mentions légales, disposer d'une ressource humaine (…). Mais il existe certains plateformes d'autoentrepreneurs en ligne qui ne vous demanderons rien de tout cela pour vendre votre compétence ou votre produit. Les plus célèbres sont Fiveer et Jvzoo. Ces plateformes disposent déjà d'une clientèle prête à payer des services ou produits que vous vendez. La programmation informatique vous offre des compétences que vous pouvez vendre sur ces plateformes et vous faire beaucoup d'argent.

2.4 TROUVEZ UN EMPLOIS BIEN RENUMERÉ

La programmation informatique vous offre une compétence qui est recherché par la plupart d'entreprise et pour lesquelles vous pouvez travailler à distance. En France un développeur junior en python gagne 40000£ alors qu'un développeur junior en java touche entre 35000 à 450000£. Apprendre la programmation informatique est donc un moyen pour accéder à un job bien énumérer.

Fig2.3: Ullistration du progres que vous faites quand vous codez

2.5 FACILE À APPRENDRE ET ACCESSIBLE À TOUS

Contrairement à ceux que pensent la plupart de gens, la programmation informatique est facile à apprendre. Qui que vous soyez, quel que soit votre parcours, vous pouvez apprendre la programmation informatique. Les femmes aussi peuvent apprendre à programmer car le premier programmeur au monde est une programmeuse: Ada lovelace.

Fig 2.4: Ada Lovelace la premierecodeuse

La programmation informatique n'exige pas de vous d'être matheux ou génie, la simple connaissance des quatre opérations arithmétiques : addition, soustraction, multiplication et division est suffisant.

Pour presque tous les langages de programmation, vous trouverez toujours une grande communauté ou vous pouvez vous intégrer et trouvez de l'aide aux problèmes que vous rencontrez avec vos codes. Certains sont en ligne sur les forums Facebook, WhatsApp, LinkedIn et d'autre son autour de vous. Vous pouvez prendre contact avec eux physiquement et fortifier votre apprentissage.

3. POURQUOI LES GENS NE VEULENT PAS APPRENDRE LA PROGRAMMATION INFORMATIQUE ?

Plus d'une raison peut certes militées pour dissuader certaines personnes à apprendre la programmation informatique. Sans être exhaustif, nous pouvons ici en dénombrer quatre; à savoir :

- Ils trouvent trop ennuyeux l'apprentissage la programmation informatique.

- Ils pensent qu'ils sont trop vieux pour apprendre la programmation informatique.

- Ils pensent que la programmation informatique est réservée aux matheux.

- Ils pensent que la programmation informatique est l'apanage des universitaires.

Il sied de préciser tout de suite que toutes ces raisons susmentionnées ou pas sont injustifiées au regard d'une part de la capacité de l'homme à apprendre; et de l'autre, des atouts que revêtent la programmation informatique de nos jours dans n'importe quel domaine de la vie. Décryptons-en la problématique.

3.1. ILS TROUVENT L'APPRENTISSAGE TROP ENNUYEUX.

Fig3.1: Trop ennuyeux.

Vous trouvez ennuyeux d'apprendre la programmation informa-tique ? Vous n'êtes pas le seul. Moi aussi d'ailleurs ça m'est arrivé. Je trouvais cet apprentissage très ennuyeux. Mais au fil des temps, avec une dose de volonté doublée de l'intérêt que représente la maitrise de la programmation informatique, cet ennui a cédé. Il s'est mué à une passion. Il m'a ouvert in fine autant de portes de connaissances sans compter celles professionnelles. Vous aussi, il suffit d'une petite dose de volonté pour transformer votre ennui à une passion. Nous vous suggérons quelques tacs susceptibles de vous y faire parvenir. Appliquez-vous y avec zèle et détermination. Vous y parviendrez certainement.

En effet, pour maitriser la programmation informatique, il faut vous représenter dans la peau d'un enfant. En effet, les enfants en général apprennent mieux que les adultes. Pourquoi? Parce que les enfants prennent tout ce qu'ils apprennent sous forme d'un jeu. Aussi, de la même manière qu'ils prennent plaisir à jouer; ils prennent plaisir à apprendre. Sans compter avec les défis et la discipline que requiert le jeu; lesquels apportent de l'émulation et boostent le plaisir d'apprendre. Ce sont là les vrais caractères que doit avoir tout apprenant. Alors, si vous voulez que votre apprentissage de la programmation informatique ne soit pas ennuyeux, faites-en un jeu tout en pensant aux divers avantages que procure sa maitrise. Déterminez-vous à relever les défis que l'ignorance vous a lancé en ayant une discipline de fer pendant votre apprentissage. Il vous faudra pour cela une équipe, des collègues chez qui vous illustrez quand vous faites des progrès et un expert que vous prendriez comme votre modèle.

3.2. Ils pensent qu'ils sont trop vieux pour apprendre.

Beaucoup de gens pensent qu'ils sont trop vieux pour apprendre la programmation informatique. Ils ont étudié avant qu'on ait développé les NTIC ou avant que la programmation informatique soit vulgarisée de par son caractère impérieux aujourd'hui plus qu'hier dans le traitement des données. Ils pensent qu'ils sont trop vieux pour maitriser la programmation informatique.

Détrompez-vous, vous n'êtes pas trop vieux pour apprendre la programmation informatique; ni pour les maitriser. Chaque jour, des nouvelles technologies prennent le dessus sur d'anciennes et imposent à quiconque veut se retrouver dans ses affaires ou sa profession de s'y adapter.

Souvenez-vous comment nos anciens téléphones de l'an 1999 étaient si limités et combien il est plus aisé d'utiliser nos actuels téléphones ; les BlackBerry, les iPhones, les androïdes. Ils ont plus d'applications et sont plus rapides, plus performants et nous permettent de réaliser plusieurs tâches à la fois. Aujourd'hui nous n'avons pas besoin de payer un calendrier, une horloge, un chronomètre parce qu'ils sont déjà incorporés dans nos téléphones. Nous n'avons pas besoin non plus de payer une boussole, un GPS … Nous pouvons vous donner autant d'exemples là-dessus.

La programmation informatique est une trouvaille de la technologie à l'instar de nos actuels téléphones. Ayant autant d'atouts, il est eux aussi conçu pour nous faciliter la vie, pour nous faire gagner en termes de temps et d'efficacité par rapport à notre travail et notre économie. Que nous soyons jeunes ou adultes, c'est dans notre avantage de l'utiliser et surtout le maitriser. Se priver de la maitrise de la programmation informatique, c'est se priver d'autant d'avantages susceptibles de vous aider à maximiser quantitativement et qualitativement vous affaires. C'est simplement insensé de nos jours de s'en priver.

3.3. Ils pensent que la programmation informatique est réservé aux matheux.

Pour apprendre la programmation informatique, vous n'êtes pas obligé d'être très fort en mathématique, la simple connaissance de quatre opérations arithmétiques (addition, soustraction, multiplication et division) suffit. Vous n'êtes pas non plus obligé d'être un génie pour la maitriser. Vous avez juste besoin d'être motivé et déterminé à connaitre et à maitriser le langage de programmation que vous voulez apprendre.

Certes, le début a toujours été difficile. Au début de votre apprentissage, vous ferez probablement des erreurs. Ayez vos apaisements ; votre formateur est disposé à vous assister, vous corriger et vous encourager. Ainsi, vous ferez des progrès. Ce sont justement ces progrès qui aiguiseront votre envie d'aller plus loin et de relever des nouveaux défis. Enlever l'idée selon laquelle il est plus facile aux autres de maitriser les langages de programmation que soi, de votre esprit. Ceux qui ont la maitrise de certains langages de programmation aujourd'hui ont tous commis des erreurs dans leur début. En effet, la capacité d'apprendre et de maitriser un langage de programmation est plus tributaire de votre détermination que d'autres facteurs. Alors n'ayez pas peur de commettre des erreurs. N'ayez pas peur, non plus, de vous faire corriger ou de vous faire réprimander. Quand vous êtes bloqué, n'hésitez pas de poser la question à ceux qui ont déjà maitrisé ce langage de programmation.

Albert Einstein, le grand savant disait que : « Ne vous inquiétez pas pour les problèmes que vous rencontrez, parce que les miens sont encore plus grands que les vôtres ». C'est justement parce qu'Einstein a le plus rencontré des problèmes ; qu'il a avec détermination cherché des solutions. Il a fini par trouver les solutions à ses problèmes. Depuis, il est devenu célèbre. Ne vous découragez donc pas devant des difficultés apparemment insurmontables que vous rencontriez. Au moment où vous les aurez surmontées vous accèderez à la cour des génies.

3.4. Ils pensent que la programmation informatique est l'apanage des universitaires.

Si vous pensez que seuls les universitaires peuvent mieux maitriser la programmation informatique, vous vous trompez. Si vous pensez que seuls les informaticiens ont intérêt à la maitriser, vous vous trompez également. Parce que la programmation informatique est devenue aujourd'hui une compétence complémentaire, indispensable dans tous les domaines. Tout le monde a besoin à un certain moment de programmer pour créer ses propres applications quand celui dont il dispose n'est résout pas spécifiquement son problème, n'est pas accessible etc. La programmation informatique vous permet de créer vos propres sites internet ou votre propre blog et vous épargne de dépenser des sommes colossales dans les agences web.

4. COMMENT APPRENDRE LA PROGRAMMATION INFORMATIQUE

Il arrive que les gens abandonnent leur rêve de connaitre la programmation informatique simplement parce qu'ils n'ont pas su comment s'y prendre pour l'apprendre. Il est donc impérieux avant de se lancer dans l'apprentissage de la programmation informatique, de connaitre un certain nombre de choses.

4.1 Ce que nous devons savoir avant de se lance dans l'apprentissate de la programmation informatique.

Voici en quelques lignes ce que nous devons savoir avant de se lancer dans l'apprentissage de la programmation informatique.

- La plupart des informations ou documentations sur la programmation informatique sont en anglais : il faut donc savoir lire de l'anglais. Si vous ne lisez pas l'anglais, vous allez tout de suite avoir des difficultés et donc plafonner.

- Les programmeurs aiment résoudre des problèmes complexes et nouveaux, ils aiment travailler à distance en télétravail. Par conséquent, il faut avoir un peu d'autonomie et avoir le plaisir de résoudre des problèmes nouveaux. Pour être un bon développeur, vous devez avoir la capacité d'identifier quelque chose que vous savez, que vous pouvez faire, que vous pouvez faire faire l'ordinateur, vous devez être en mesure de formaliser un processus inconscient qui peut être exécutable par d'autre.

- Certains pensent que pour être développeur, il faut tout connaitre par cœur ce qui n'est pas vrai. Un programmeur ne connait pas tout par cœur, en revanche, un programmeur doit toujours faire des recherches pour mettre à jour sa connaissance. Il est donc impérieux de s'inscrire sur les plateformes d'éveilles technologiques et les consulter de temps en temps.

- Ne pas zapper les cours d'initiation ou d'introduction à la programmation informatique : Pour mieux apprendre, commencez par apprendre les bases, car si vous ne connaissez pas les bases à un certain moment d'apprentissage vous serez en face d'un concept pourtant préliminaire mais que vous ne comprenez pas. Vous serez obligez de faire des recherches pour le découvrir. Car, au fur et à mesure que vous serez entrain d'avancer, des concepts seront utilisés et les formateurs ne sauront pas que vous avez zappé les cours d'initiation, ils vont donc utiliser certains concepts comme si vous le saviez déjà.

4.2 Quelques conseils avant de vous lancez à l'apprentissage de la programmation informatique.

Il y a des secrets que nous voudrions partager avec vous afin d'optimiser votre chance de réussir votre apprentissage de la programmation informatique.

Pour réussir votre apprentissage de la programmation informatique vous devez :

- Etre motivé,
- S'initier à la programmation creative avec Skratch,
- S'initier à la pensée informatique,
- Ne jamais se decourages de ses erreurs,
- Maitriser certains concepts de base par des jeu et aneguedote,
- Munissez-vous des outils pour l'apprentissage,

- Pratiquez en meme temps que le formateur,
- Partager les connaissances que vous avez apprises,
- Rechercher et apprendre des versions ameliorées.

4.2.1 ETRE MOTIVÉ

Sauvé et Vaux (2002), définissent la motivation comme "(...) l'effort ou l'énergie que la personne est prête à consentir pour accomplir une tâche d'apprentissage donné". De la même manière qu'il vous faut du carburant pour faire fonctionner votre groupe électrogène, c'est de la même manière qu'il vous faut une motivation pour concrétiser votre volonté d'apprendre la programmation informatique.

J'ai fait un constat, quand je fus étudiant en géologie à l'Université de Lubumbashi. Il m'était difficile de réussir à un cours dispensé par un professeur que je n'aimais pas. Il s'ensuit que je manquais vachement la motivation de suivre son cours et même de le revoir à la maison. J'étais très négligeant au point de bâcler ses travaux pratiques.

Fig4.1 : Quant on a une motivation

Que faut-il faire lorsque vous n'êtes pas motivé à apprendre la programmation informatique ?

Eh bien, la réponse est simple : Il faut se donner des moyens de pouvoir y parvenir. Comment ?

❖ **En ayant un objectif précis, concis et quantifiable.**

Il faut toujours se convaincre sur les raisons pour lesquelles vous devez apprendre la programmation informatique. Certains le font pour créer des sites internet ou blog, d'autres pour créer des applications mobiles, d'autres pour Créer des logiciels, et d'autre pour dialoguer avec des serveurs. Vous devez connaitre avec précision les objectifs pour lesquels vous voulez apprendre un langage de programmation, les compétences que va vous conférer le dit langage de programmation et savoir également en quoi est-ce que la maitrise de ce langage de programmation va vous démarquer des autres.

Les objectifs que vous vous définissez doivent être très clairs dans votre esprit. Au besoin, notez-le quelque part. Dites-vous que quand j'aurai fini à apprendre tel langage de programmation, je serai en mesure de faire ceci et cela.

Répertoriez toutes les compétences que peut-vous donner un langage de programmation auquel vous vous intéressez. Chaque fois que vous progressez, essayer d'évaluer vos connaissances. Tâchez de quantifier le pourcentage que représente la compétence que vous venez d'acquérir par rapport à l'ensemble de compétences que donne ce langage de programmation. Et quand vous êtes sûr d'acquérir la maitrise à laquelle vous aspirez ; évaluez les minutes que vous pourriez prendre pour réaliser votre travail. Soyez sûr d'être capable de remémorer tous les processus par cœur sans omettre une quelconque étape. Rassurez-vous aussi que vous êtes capable de produire un travail de qualité.

Fig4.2: Les objectifs visés

❖ **Etre dans une optique d'apprentissage**

Quand on veut nager, l'on doit porter son maillot de bain. De même pour apprendre, nous nous devons d'adopter une attitude adéquate. Cela revient à :

- Travailler dans un environnement approprié, adapté et relativement calme.

Le bureau où vous travaillez doit être propre et ad hoc. Veuillez à ce que des canettes et papiers brouillons n'y trainent pas. Ne gardez dans votre bureau que des livres qui vous sont utiles pour votre apprentissage.

Fig4.3 : Un bureau clean et propice à l'apprentissage.

N'oubliez pas de prévoir un bloc-notes, un crayon, un stylo et une bouteille d'eau. Un bloc-notes ? Oui, un bloc-notes. Je sais que ça parait un peu banal d'avoir un bloc-notes, un stylo et un crayon sur soi quand nous apprenons. Mais sachez que c'est très important de les avoir sur vous. En effet, vous devez vous comporter exactement comment un apprenant. Chaque fois, essayez de schématiser ce que vous avez appris avec votre crayon dans votre bloc-notes.

**Fig4.4 : Le bloc-notes, la bouteille d'eau
et le stylo sur votre bureau.**

Rassurez-vous d'avoir sur votre bureau une bouteille d'eau et non un verre d'eau. Car il est possible que le verre d'eau se vide sur votre table. Vérifiez que votre ordinateur a assez d'énergie ; sinon, branchez-le. Un quelconque déficit de votre ordinateur risque de vous causer autant d'ennuis lors de votre apprentissage.

- Eteindre votre téléphone. Casez-le quelque part où vous ne serez pas tenté de le reprendre pendant l'apprentissage. Cette discipline vous évitera une quelconque distraction pendant que vous êtes en train d'apprendre.

Fig4.5 : Mettre le téléphone dans le tiroir.

Si jamais votre lis est dans la pièce où vous travaillez, faites-le pour 3 raisons :

- Vous allez avoir l'impression d'avoir déjà réussi à accomplir quelque chose. Pourtant c'est très simple de faire son lis, ça demande peu d'effort.
- Vous aurez tiré littéralement la journée précédente parce que vous avez refermé votre lis.
- Comme la nuit est finie et que votre lis est fermé, vous aurez beaucoup moins tendance à y retourner.

❖ **Adjoindre à l'objectif principal, celui secondaire.**

Savoir adjoindre à l'objectif principal de votre apprentissage, une visée secondaire est autant utile pour vous et peut vous permettre de capitaliser davantage votre formation. Dans le cas d'espèce, la maitrise d'un langage de programmation peut facilement vous aider à la réalisation de telle autre chose. Par exemple en apprenant le langage de programmation Php ou python, vous pouvez également vous entrainer à créer un site internet.

❖ **Ne faites pas plusieurs choses à la fois.**

Néanmoins, il est vivement conseillé à l'apprenant de ne pas se charger de beaucoup d'occupations pendant la formation. Si vous avez commencé quelque chose ; ne passez à la suivante que quand vous avez fini la précédente. Lors de l'apprentissage d'un programme informatique, nous devons d'abord chercher à acquérir la compétence basique avant de chercher à acquérir celle secondaire. Si vous interrompez l'apprentissage de la première tâche pour passer à la deuxième, vous aurez des difficultés à réaliser la deuxième tâche simplement parce que vous avez encore en tête la première tâche.

Par exemple, il sera difficile à quelqu'un de créer des sites dynamiques alors qu'il ne maitrise pas encore la création de sites statiques.

❖ **Ne pas essayer de faire les choses parfaitement du coup.**

Si vous essayez de faire les choses parfaitement du coup ; vous allez vous faire la pression et vous risquerez de vous bloquer pour rien. Faites le plan de votre apprentissage au brouillon et suivez-le pas à pas. Commencez par des tâches les plus faciles puis passez progressivement aux tâches les plus complexes.

De cette façon vous aurez baissé votre niveau d'exigence et vous débloquerez la situation. Car, en réalité, il est plus facile de revenir sur quelque chose que l'on a déjà préalablement fait, la corriger ou l'enrichir.

Essayez de séparer les grandes tâches en sous-tâches et faites une pause chaque fois que vous finirez chacune de ces sous-tâches.

❖ **Allez-vous détendre dès que vous vous sentez bloqué, puis revenez !**

Si malgré tous les conseils que nous vous avons prodigués, vous n'arrivez pas toujours à être motivé. Si vous n'arrivez pas toujours à vous concentrer sur votre apprentissage ; puisque vos pensées sont connectées ailleurs plutôt qu'à ce dernier, voici mon conseil : arrêtez tout ! Allez d'abord vous détendre au-travers de vos distractions favorites ; ou tout au plus attelez-vous à ce qui vous parait prioritaire à ce moment. Quand vous aurez assouvi à votre passion ; vous serez plus disposé à apprendre qu'auparavant. Votre pression aura baissé. Vous pourrez maintenant bien continuer votre apprentissage.

Mais attention, quand vous allez vous divertir ; n'oubliez pas de revenir à l'apprentissage.

❖ **Ne parlez pas de vos projets à court terme.**

Lorsque vous parlez de vos projets à court termes, les autres vont vous encourager, vous aurez l'impression de les avoir déjà réalisés. L'approbation sociale donne toujours l'impression qu'on a déjà réalisé la chose dont on nous encourage de faire. Parlez plutôt de vos projets lointains. Encore que ce partage représentât un sérieux intérêt pour vous et votre interlocuteur. Vous aurez donc fait une promesse à quelqu'un. En quelque sorte, vous vous seriez donné une dette morale. Chaque fois que vous croiseriez votre ami, vous vous rappelleriez de votre promesse. Cela pourrait être pour vous une bonne motivation. Vous voudriez ne pas décevoir votre ami.

4.2.2 S'INITIER À LA PROGRAMMATION CREATIVE AVEC SKRATCH

Scratch est un logiciel facile, libre, gratuit et en ligne ; développer par la célèbre Université Américaine MIT (Massachussetts Institute of technologie). Il a été créé pour apprendre à programmer très facilement grâce à des maquettes que l'on peut coordonner afin de créer des petits programmes, de jeu vidéo ainsi qu'intérioriser les différents ingrédients de la programmation informatique à savoir :

- Les séquences d'instructions,
- Les boucles qui permettent d'exécuter des instructions répétitives,
- Les instructions conditionnelles qui rendent complexes les algorithmes et permettent de créer des programmes interactifs
- Les Variables qui vous permettent de coder un jeu vidéo sur plusieurs niveaux

Fig 4.6: Interface graphique de Scratch

Scratch est utilisé par une large communauté d'utilisateurs et d'éducateurs à travers le monde. En vous inscrivant sur Scratch, vous allez voir les projets des autres et leurs codes, partager vos projets, remixer ceux des autres.

4.2.3 S'INITIER À LA PENSÉ INFORMATIQUE

S'initier à la pensé informatique constitue un premier pas dans l'apprentissage de la programmation informatique. Elle offre un avantage considérable à l'apprennant et lui permet d'interioriser certaines notions de la programmation informatique notamment:

- Savoir compresser les informations (les données) : pour qu'elle prenne moins d'espaces lors du téléchargement ou du chargement
- Structurer l'information en base de données pour pouvoir la manipuler et la retrouver facilement.
- Cacher aux autres une information ou savoir comment la déchiffrer.

Fig 4.8: Initiation à la pensé informatique

4.2.4 NE JAMAIS ABANDONNER

Laissez-moi vous relater une histoire, un jour j'ai découvert en lisant le livre « Vivez sans stress » du Dr Julian Melgosa ; que tout le monde est sujet aux stress y compris moi-même, et que contrairement à ce que la plupart de gens croient, être stressé n'est pas mauvais. Ce qui est mauvais, c'est ignoré comment gérer son stress.

Un sport matinal d'au moins trente minutes était l'un conseil recommander par Dr Julian pour gérer son stress. J'avais le choix entre faire le cyclisme, le tennis et le cross. J'avais choisi de faire le cross. Je savais combien le cross matinal était important pour moi, je savais pendant combien de temps il fallait courir ; pourtant j'avais passé une semaine sans l'avoir commencé. Un jour enfin je me suis décidé de relever le défi, j'ai mis un réveil à 5h20. J'ai annoncé à mes amis et mes frères mon engagement à faire les cross tous les 5h20' et leur est recommandé de se joindre à moi.

Le lendemain matin, à 5h20' mon réveil a sonné. J'étais au lis, mon sommeil était formidable, pendant qu'une partie de moi s'opposé à l'idée de me réveiller pour faire le cross, une détermination soudaine jailli en moi quand je me suis rappelé de promesses que j'avais faites à mes frères et amis, je me disais que c'est moi qui devrais donner l'exemple si je voulais qu'il emboite mon initiative. J'ai eu l'impression de ne jamais arriver à démarrer le cross si je loupé l'opportunité de ce jour-là. Deux minutes après, je m'étais décidé de me réveiller et d'aller faire le cross. Le jour suivant, quand le réveil retenti, je me réveillais sans aucune hésitation. Petit à petit, j'avais pris gout au cross. Les jours suivants, mes frères et amis commencèrent à en parler, certains s'intéressèrent à mes motivations, d'autres cherchèrent à savoir les trajets parcourus tandis que d'autres voulaient savoir ce que je ressentais après avoir fait le cross.

La semaine suivante, l'un d'eux me proposa de se joindre à moi, à condition que la distance soit plus grande et j'accédai à sa demande, il sensibilisa de lui-même 3 autres personnes qui se jointent à nous. Avant la fin de cette semaine-là, nous atteignîmes une équipe de dix personnes, pourtant, l'initiative était partie d'une seule personne. Le fait que nous faisions le cross en équipe nous encouragea d'avantage, nous fumes connaissance avec des nouveaux amis. L'un d'entre nous, nous proposa de ne plus se limiter seulement à courir, mais d'y associer les gym et les pompages. Ce fut le cas, nous étions passé de 30' de sport à 1h20'. D'autres se découragèrent par la suite mais la ponctualité, la persévérance et l'endurance de certains d'entre eux m'avait permis d'aller au-delà de mes limites. Je ne pouvais jamais m'imaginer courir sur une distance de plus de 4 kilomètres.

Chers lecteur, cette histoire, je ne vous la raconte pas pour monopoliser la parole mais plutôt pour évoquer un dicton que j'aime bien : « Si tu veux aller plus rapidement va seul mais si tu veux aller plus loin allez en équipe ». La maitrise d'un langage de programmation ne dépend pas de sa capacité à apprendre plus rapidement mais plutôt son aptitude à aller plus loin.

Comme tout le monde, le début a toujours été difficile. Au début de votre apprentissage, vous ferez sûrement des erreurs. N'en faites pas trop un problème ! Votre formateur sera toujours là pour vous aider à corriger. Aussi, vous ferez des progrès. Et c'est justement ces progrès qui aiguiseront votre envie d'aller plus loin, de relever des nouveaux défis. Ceux qui en savent plus sur un programme informatique ; ceux qui sont considérés aujourd'hui comme des génies ont tous galéré à leurs débuts. Les erreurs qu'ils avaient commises ; les difficultés qu'ils avaient rencontrées leurs ont permis de maitriser de plus en plus le logiciel. Alors n'ayez pas peur de commettre des erreurs. N'ayez pas peur de vous bloquer, car c'est justement quand vous vous bloquez que vous envisagerez une solution ; que vous trouverez une idée qui va peut-être révolutionner le monde.

Albert Einstein disait : « ... ne vous inquiétez pas pour les problèmes que vous rencontrez, parce que les miens sont encore plus grands que les vôtres ». C'est justement parce qu'Einstein a le plus rencontré des problèmes ; qu'il a le plus cherché des solutions. Aussi, devint-il célèbre. Ne vous découragez donc pas quand les difficultés apparemment insurmontables semblent vous bloquer dans votre apprentissage. Croyez encore en vous-même ; à votre capacité de résoudre ces problèmes.

❖ Et d'ailleurs pour votre information, quand vous allez commencer à coder, vous serez confronté à des bugs. Il ne s'agit tout simplement que des erreurs que vous commettrez et qui empêcheront votre code de s'exécuter. Dans le cas d'un bug, le navigateur renvoie toujours un message d'erreur. En copiant-collant ce message sur Google, vous avez 90% de chance d'y trouver la solution.
En effet avant vous, d'autres personnes ont certainement réalisé les mêmes erreurs et ont posé le problème sur les forums de programmeurs. Les plus expérimentés dans ce forum les ont répondus. Google a toujours conservé ses réponses dans son serveur et les charge une fois que la recherche est faite avec les mêmes termes de recherche.

❖ Une autre évidence que je me dois de partager avec vous est que lors que vous allez apprendre à coder, vous aurez de difficultés à réaliser certaines choses mais vous allez commencer à réussir quelques petites choses. Et ces sont ces petits succès qui constituerons votre drogue, ça va vous encouragez, vous poussez à connaitre de plus en plus et à réussir de plus en plus.

4.2.5 MAITRISER CERTAINS CONCEPTS DE BASE PAR DES JEU ET ANECDOTE

Outre la maitrise des ingrediens de la programmation informatique que vousallez maitriser grace à Scratch, il y a un certain nombre de concepts informatiques que vousvousdevez de maitriser. Et il serait mieux de les aprender grace à des jeu et des anecdotes.

Voici quelques jeu qui permetent de comprendre certains concepts de base de la programmation informatique:

❖ le jeu de nime: C'est un jeu qui est fondé sur le príncipe qu'on dispose au depart de 16 tiges d'allumette. Le jeu concerne deux joueur. A tour de role, Chacun ramace moins de 4 tiges, et l'autre le complement de quatre. Celui qui ramasse les tiges le dernier est gagnant. Ce jeu permet d'interioriser different concept de la programmation informatique notamment l'instruction, le boucle, le variable et la synchronisation.

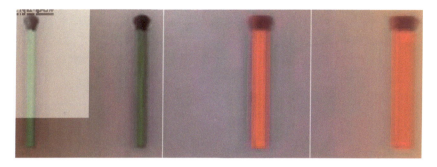

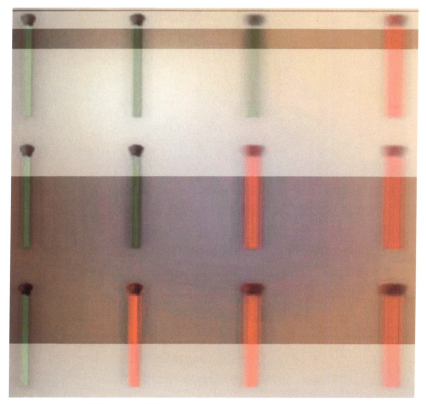

Fig4.9: Ullistration de jeu de nime

- Le jeu à ficelle: Ce jeu consiste à disposer de 24 cloues enfoncer sur une planche et à chercher comment faire passée une seule file à la fois sur tous les 24 cloues de la planche.

49

Cela fait reflechir à combien de solution posible nous pouvons envisager quand nous sommes en face d'un probleme quelconque. Il permet d'interioriser le concept Eurestique en programmation informatique.

FIg4.10: Ullistration de jeu à ficelle

Et voici quelque concept que vous vous devez de comprendre pour bien se lancer en programmation informatique:

- L'algorithme : Il ya plusieurs algorithmes au monde, il faut savoir lequel choisir, lequel va répondre à nos besoins. Pour réduire le nombre d'instructions dans un algorithme, il faut s'inspirer de ce que l'on fait tous les jours.
- la synchronisation : les choses se font dans le bon ordre, un après l'autre

4.2.6 MUNISSEZ-VOUS DES OUTILS POUR L'APPRENTISSAGE

La motivation seule ne suffit pas pour bien apprendre la programmation informatique. Il faut encore se donner les moyens matériels pour y arriver. Pour apprendre un programme informatique, vous devriez avoir :

- Un ordinateur,
- Installer sur votre ordinateur des programmes et outils pour permettre à la machine de comprendre le langage de programmation. Il s'agit notamment d'un éditeur de texte sur lequel vous allez écrire le code.
- Un livre-tutoriel
- Et une vidéo-tutoriel sur ce langage de programmation.

Beaucoup se demandent déjà, pourquoi il faut avoir à la fois le livre et la vidéo. Eh bien ! Les psychologues ont démontré que nous retenons 10% de ce que nous lisons, 20% de ce nous entendons, 30% de ce que l'on voyons, 50% de ce qu'on entendons et voyons, 70% de ce que l'on entendons, voyons et répétons a mis voix et 90% de ce que nous entendons, voyons, répétons à mi-voix et pratiquons en même temps.

En effet, en lisant le livre-tutoriel tout en suivant en même temps la vidéo-tutoriel ; avant de répéter à mi-voix ce que vous avez appris et le pratiquant directement, vous avez 90% de chance de pouvoir comprendre ce que vous avez appris.

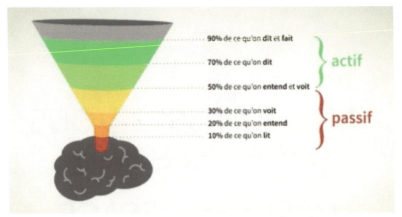

Fig4.11 : Comment nous retenons les choses.

❖ Ordinateur.

Vous n'allez pas passer du code sur un papier, vous allez coder sur votre ordinateur, pour se faire vous devez en avoir un. C'est donc l'ordinateur qui est le support matériel de tout programme informatique. Un peu comme le corps est le support de notre cerveau. Vous devriez donc vous doter d'un bon ordinateur portable ou fixe car c'est sur ce dernier que vous allez apprendre. Inutile de vous préciser que celui-ci doit être chargé ou branché à la charge chaque fois que vous voulez apprendre.

❖ Programmes

Chaque langage de programmation nécessite un certain nombre de programme pour permettre à la machine de le comprendre et un éditeur de texte (Notepad ou sublime texte) sur lequel vous allez taper du code. Ces langages de programmation peuvent être des interpréteurs ou de traducteurs. Il est également impérieux d'avoir installé sur sa machine plusieurs navigateurs pour tester vos codes et voir s'ils s'adapteront bien sur les machines de vos différents utilisateurs.

❖ Livres ou ebooks

Vous devez disposer d'un livre électronique ou imprimé qui traite du langage de programmation auquel vous vous intéressez.

La plupart de ces livres se nomment : Apprendre xxxx, Maitriser xxxx, xxxx pour les nulles.

Les livres électroniques peuvent être gratuits ou parfois payants. Vous avez plusieurs possibilités pour les avoir :

✓ **Télécharger sur internet.**

Il vous suffit de saisir sur votre moteur de recherche le mot « apprendre » suivi du nom du langage de programmation que vous voulez apprendre plus le mot PDF, puis cliquez sur rechercher ; une série de pages vous seront proposées, parcourez-les et téléchargez le PDF qui vous semble intéressant.

✓ **Acheter l'ebook dans une boutique en ligne**

Vous ne trouverez pas toujours des ebooks gratuits à télécharger sur internet ; Les plus intéressants sont payants. La plupart de bons livres qui vous apprennent un langage de programmation, vous les trouverez dans une boutique en ligne. Certaines boutiques vendent des versions électroniques alors que d'autres vous vendent des versions imprimées. Les plus célèbres de ces boutiques en lignes sont :

- www.morebooks.de,
- www.eyrolles.com ,
- www.amazone.fr ,
- www.geoguy.org

Fig4.12: Boutique de vente des livres en ligne : Amazone.com

Fig4.13: Boutique de vente des livres en ligne: Eyrolles.com

❖ **Video-tutoriel.**

Un autre élément très important à ajouter à votre formation sur un langage de programmation est la vidéo-tutoriel. Ces vidéos, vous pouvez les visualiser ou les télécharger sur YouTube ou les sites de formation en ligne tels que www.openclassroom.com , www.geoguy.org...

❖ **Inscrivez-vous à un cours en ligne.**

Outre ces différents moyens que nous vous avons proposés pour trouver ce qui est nécessaire à l'apprentissage de la programmation informatique ; je voudrais vous présenter un moyen qui vous permettra de réunir tout ce qu'il vous faut. Il s'agit de sites internet éducatifs.

Les sites internet éducatifs disposent souvent :

- Des cours vidéo enseignant un langage de programmation donnée.
- Du texte qui accompagne le cours-vidéo ou plutôt un lien ramenant à la boutique en ligne qui vend l'ebook d'apprentissage de ce langage de programmation.
- Un lien qui vous ramène directement sur la page du téléchargement du programme exigé coder avec ce langage.

La plupart de ces sites font la publicité de leurs cours sur les réseaux sociaux : Facebook, LinkedIn, Gmail (...). N'hésitez pas de vous abonnez si vous voyez une publicité du cours sur le langage de programmation que vous voulez connaitre.

En plus de ces autres moyens précités, sur les sites d'apprentissage en ligne, vous aurez un professeur qui vous apprendra et fera votre suivi. Vous serez aussi inséré dans un environnement propice à votre apprentissage. Parmi ces sites, nous pouvons citer www.openclassroom.com , www.geoguy.org...

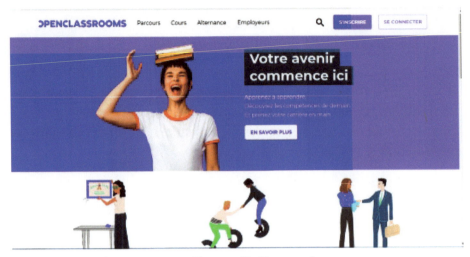

Fig4.14: Page d'accueil d'openclassroom.

4.2.7 PRATIQUER DE FACON METHODIQUE CE QUE VOUS APPRENNEZ

❖ **Apprendre en trois phases chaque compétence.**

Comme nous vous l'avons dit précédemment, il est nécessaire de répertorier toutes les compétences que peut vous conférer un langage de programmation que vous voulez apprendre. Classez-les par ordre croissante ; de plus faciles aux plus complexes. Ensuite engagez-vous à acquérir ces compétences l'une après l'autre, de la première à la dernière.

Votre apprentissage de chaque compétence doit se faire en trois phases ; à savoir :

-*1ère phase* : suivez pas à pas les leçons telles que dispensées dans votre vidéo et dans votre livre.

-*2ième phase* : mettez de côté vos livres et vos vidéos et pratiquez de vous-même ce que vous venez d'apprendre sur votre langage de programmation et tester votre code

-*3ième phase* : visualisez la vidéo, relisez le livre (la partie vous conférant la compétence requise) et pratiquez de nouveau. Essayez de synthétiser la procédure de la réalisation de cette tâche et écrivez-le dans votre bloc-notes.

❖ **Pratiquer immediatement et continuellement.**

J'ai toujours aimé le dicton de François Nebra, lors de son cours sur l'initiation à la programmation sur opensclassroom : « c'est en forgeant qu'on devient forgeron ».

Qui insinue tout simplement que la pratique rend meilleur. En pratiquant vous allez faire asseoir des connaissances qui étaient encore floues en vous. Vous commettrez des erreurs certes. Néanmoins, en cherchant des solutions à ces erreurs, vous allez vous perfectionner de plus en plus.

Vous devez pratiquer de façon continue. Ne passez pas un long moment sans vous exercer à coder, du code, ça s'oublie. Rappelez-vous toujours de la raison essentielle pour laquelle vous n'oubliez pas comment utiliser votre téléphone. C'est parce que vous l'utilisez tous les jours. A chaque minute, il est à votre portée.

Je vais vous raconter une histoire. Ma mère est un peu conservatrice. Elle préfère utiliser surtout des téléphones à boutons. Elle nous raconte souvent que nos androïdes l'embrouillent. Moi par contre, ça fait bien longtemps que je n'utilise pas des téléphones à boutons. Je me souviens à une époque, ma mère m'a demandé d'enregistrer pour elle un numéro téléphonique qu'on venait de lui dicter. Vous ne le croirez pas, je n'ai pas su comment le faire. J'ai été obligé de demander de l'aide. Heureusement, un oncle m'a remémoré la procédure.

Si je n'ai pas su me débrouiller avec le téléphone à bouton, c'est parce que ça fait bel lurette que je l'ai utilisé. J'ai oublié comment l'utiliser et c'est pareil avec la programmation informatique.

Laissez-moi vous raconter une autre histoire. Un jour un enfant qui portait un ballon avec lui va voir Roberto Carlos, le célèbre joueur Brésilien. L'enfant demande à Roberto de lui dire ce qu'il faut faire pour qu'il devienne un jour un grand joueur comme lui. Roberto sourit et demande à l'enfant :

-Tu veux devenir un grand footballeur ?

- Oui, répondit l'enfant.

Roberto demande à l'enfant le ballon qu'il portait dans ses mains.

Après l'avoir tapoté un tout petit peu, il le retourne à l'enfant et lui dit ceci :

- « Prend ce ballon, gardes-le avec toi, apportes-le partout où tu iras, ne l'oublie jamais ».

L'enfant était surpris de la réponse de Roberto, il s'attendait à un conseil beaucoup plus long et plus laborieux que ça. Il regarda Roberto d'un air penaud et lui dit

-Etes-vous sûr que c'est tout ce qu'il me faut ?

- Oui, acquiesça Roberto.

L'enfant rentra chez lui un peu déçu. Néanmoins, il se décida tout de même, de mettre en pratique ce que le grand footballeur lui avait dit.

Il garda le ballon toujours avec lui. Il l'apportait partout où il allait ; dans sa chambre, à l'école, à l'église. L'enfant avait toujours le ballon avec lui. Au fur et à mesure, l'enfant commença à avoir envie de jouer au ballon, il le fut de plus en plus, qu'il développa une passion profonde pour son ballon. Il développa une intimité avec le ballon. Quand il jouait au ballon, tout ce qu'il faisait réussi. Plus tard cet enfant est devenu un grand footballeur. C'est la star du foot Ronaldinho. Rassurez-vous c'est une anecdote.

Par cet exemple, nous aimerions que vous reteniez l'importance de la pratique. Si vous voulez aller plus loin avec la programmation informatique ; alors vous devez avoir toujours sur vous votre PC. Profitez de chaque instant libre pour vous entrainer à coder, pour pratiquer continuellement et faire des nouvelles expériences.

4.2.8 Partager les connaissances que vous avez apprises.

Dans son livre : « Père pauvre, père riche », Robert Kiyosaki révèle une vérité très importante. Il écrit que si vous voulez avoir quelque chose, commencez par en donner aux autres. Il renchérit son argument avec ce verset de la bible : « Tout ce que vous voulez que les hommes fassent pour vous, faites-le de même pour eux » (Matt. 7 : 12). Bien sûr qu'ici nous ne parlons pas de comment devenir riche, mais cette vérité est valable pour tout celui qui veut avoir quelque chose. Vous aussi vous voulez avoir la connaissance, vous êtes donc concerné.

Les enseignants apprennent mieux parce qu'ils partagent avec leurs élèves ce qu'ils connaissent. Ce qu'ils connaissent deviennent de plus en plus clair. Et si vous arrivez à l'énoncer clairement, c'est que vous l'avez maitrisé.

C'est plus facile de maitriser quelque chose dont vous avez l'habitude de parler. Alors n'allez pas chercher à maitriser tout le langage de programmation. Commencez d'abord par partager le peu que vous connaissez. Parlez-en à vos amis, en groupe, sur les réseaux sociaux. Répondez aux questions posées ; celles pour lesquelles vous êtes en mesure de répondre. Telle est une des meilleures façons pratiques d'apprendre. Ça marche toujours à ceux qui s'y attellent.

4.2.9. Rechercher et apprendre des versions ameliorées.

Les langages de programmation que vous apprenez sont continuellement améliorés selon les suggestions des utilisateurs et des nouvelles découvertes. Le fait que vous recherchez à maitriser les versions actualisées, vous rend à la page et vous distingue des autres.

Si la version que vous apprenez est une version ancienne. Ne vous en faites pas. Apprendre ou maitriser d'abord une ancienne version a aussi un avantage certain. Celui de vous permettre de maitriser plus facilement les versions améliorées. Ce sera pour vous juste un ajustement.

CONCLUSION

En guise de conclusion, l'apprentissage de la programmation in-formatique est indispensable pour tout le monde, l'engouement autour de la programmation informatique est justifié par les avantages et l'autonomie que confère-la maitrise de cet outils révolutionnaire de notre siècle. En ce qui vous concerne, nous avons partagé cinq raison qui rendent la programmation infor-matique indispensable de nos jours. Nous devons tous apprendre la programmation informatique parce qu'elle permet la création de nos propre logiciel ou application mobile, nos propre site in-ternet ou nos propre blog, de devenir auto-entrepreneur, de trou-ver un emplois bien renumeré, et qu'il est facile à apprendre et ac-cessible à tous.

Mais l'apprentissage de la programmation informatique peut vite devenir embetant si nous nous savons pas comment s'y prendre. Voila pourquoi nous vous avons donnée dans ce livre 8 secrets pour optimiser la chance dans votre apprentissage.

- Etre motivé,
- S'initier à la programmation creative avec Skratch,
- S'initier à la pensée informatique,
- Ne jamais se decourages de ses erreurs,
- Maitriser certains concepts de base par des jeu et anec-dote,
- Munissez-vous des outils pour l'apprentissage,
- Pratiquez en meme temps que le formateur,
- Partager les connaissances que vous avez apprises.

A présent vous avez connaissance de tout ce qu'il faut pour boos-ter votre connaissance en programmation informatique, lancez-vous maintenant ! Ne remettrez pas à demain ce que vous pouvez faire aujourd'hui. Si aujourd'hui vous ne reculez quand à ce challenge rien ne vous garantit de cette disponibilité demain. Ce que vous avez besoin, c'est de briser la glace, vous lancez. Vous avez besoin d'un début. Il a toujours été difficile mais dès que vous franchissez cette étape, tout vous sera abordable.

Il est arrivé que vous doutiez de vos capacités, vous vous dites que vous n'y arriverez jamais. C'est normal. Quoi qu'il en soi faites-le au moins. Vous n'en saurez jamais rien si vous n'avez pas essayé.

TABLE DE FIGURES

TABLE DE MATIÈRE

4.2 Quelques conseils avant de vous lancez à l'apprentissage de la programmation informatique.

4.2.1 Etre motivé

4.2.2 S'initier à la programmation creative avec Skratch

4.2.3S'initier à la pensé informatique

4.2.4 Ne jamais abandonner

4.2.5 Maitriser certains concepts de base par des jeu et anecdote

4.2.6Munissez-vous des outils pour l'apprentissage

4.2.7 Pratiquerde facón methodique ce que vousapprennez

4.2.8 Partager les connaissances que vous avez apprises.

4.2.9. Rechercher et apprendre des versions ameliorées.

Conclusion

Table de figures

Table de Matière